VIVA EL SEÑOR PRESIDENTE DE MEXICO

ISAIAS SANCHEZ CRUZ

5118251191318

Acción de gracias:

Gracias a Dios por haberme dado la vida. A la vida misma porque como se dice, no esperemos nada de la vida ya lo tenemos, la vida misma.

Dedicación:

A la familia Sanchez Cruz:

Pretiosior est scientia diamonds

Viva el señor presidente de México

En todo el mundo se eligen cancillere;Ministros

Jefes de estado o presidentes;

segun sea el caso. todos los pueblos de la tierra,

merecen personas o lideres,expertos en los

temas sociales,economicos estadisticos total y

verdaderos conductores,de una nacion para ello

no importa si son hombres o mujeres; puede ser

cualquiera sin importar el genero, mientras la

persona que se elija por el pueblo,sea capaz de

portarse con profundo respeto hacia la nacion

o pais que lo ha elegido,como su proximo

representante ante el mundo.

y que tenga la suficiente capacidad de mejorar

a la nacion o pais para el beneficio del pueblo

que lo ha designado,como su supremo lider.

si esa persona se conduce con decoro ante la

gente de su pais y con decoro ante todos los

paises o naciones, del mundo,sera querido

estimado,recordado,no solo por su nacion mas

aun por todas las naciones y pueblos del mundo.

Introducción:

El amor no se compra ni se vende, los sentimientos

oscuros son los que se pueden permutar.

El amor es eterno y por ende indestructible.

No mata no hiere, no ofende ni lastima. Por lo

contrario, sana cura da vida y esperanzas donde

no hay ninguna.

capitulo uno:

Un joven mientras entra a comer,queda encerrado

por una multitud,que victorean a su candidato;

al no poder salir en su automobil del lugar decide

unirse tambien a la fiesta politica.

Alto esbelto de tez bronceada, cabello corto lacio, bien

Peinado hacia la izquierda.

Joven aventurero, trabajador de una factoría del estado.

De sonrisa abierta y negros ojos expresivos. Se dirigía al

Comedor mas cercano para desayunar. Era sábado solo

Laboraba de lunes a viernes.

Vistiendo cómodos píntalos de mezclilla azul y botas

Negras. Con camiseta azul con tres botones al pecho y un

Logo de la marca.

Estaciono su automóvil, tono negro con rines de color acero.

De cuatro puertas. entro saludando con un ¡buenos días!

La joven mujer de mediana estatura, vestida de amarillo

Limón. Respondió, igual y sonrío.

Se sentó en una meza cerca de la ventana, que daba a la calle

Principal.

El sol despuntaba en lo alto, el azul brillante del cielo

Despejado, sin muestras de alguna nube.

la importante vía se mostraba casi vacía, con un transitar

de personas y vehículos casi nula.

La muchacha se acercó, con la orden de comida que el

Joven le había solicitado.

Él le volvió a agradecer, ella con una sonrisa dibujada en su

Rostro contesto, de nada.

El se quito sus oscuros lentes y los coloco en la bolsa de su

Camiseta.

El diario local, que había encontrado en la mesa y el cual

Se encontraba leyendo cuando la joven mujer se acercó,

Lo doblo y lo coloco a un lado.

Se levanto, se dirigió al área de donde estaba el lavamanos

Volviendo después de lavarse.

Le dio un sorbo a su delicioso café con leche, antes de

Comenzar a degustar, sus apetitosos alimentos de la mañana.

 De pronto levanto la cabeza, para mirar hacia afuera

Atreves del polarizado cristal de la ventana.

La muchacha, que se encontraba en la barra del comedor,

Le dijo a otra, la cual estaba donde se preparaban los

Alimentos.

Parece que ya va a empezar, ya están llegando todos los

Automóviles, de los reporteros locales, regionales y estatales.

Dentro de algunos minutos más; estarán dando cobertura

Al gran evento.

Los vehículos de algunos de los escoltas ya se encuentran en

El recinto de la plaza pública.

Si, así es, le respondió la otra mujer. Eso escuche en la

La radio hoy por la mañana.

El joven siguió comiendo y por momentos miraba por el

Cristal.

De pronto miro, como la calle antes casi vacía se llenaba

Por multitud de personas, que caminaban rodeando a un

Personaje conocido.

Como queriendo protegerlo, como queriendo tocarlo o

Quizás simplemente para estar cerca de él.

Las incesantes tomas fotográficas, que hacían de todo lo

Que iba sucediendo por la vía principal.

Las preguntas no cesaban, confundiéndose con los

Incesantes aplausos ¡vivas! Y ¡bravo! Era una verdadera

Fiesta sabatina por la mañana. En pleno centro de la

Petrolera ciudad.

El joven hombre, termino su desayuno; tomo una azul

Servilleta de papel.

Llamo a la muchacha, haciéndole una seña, con su mano

Derecha.

Ella se le acerco, llevando en un platito la cuenta del

Alimento.

El depositándole el dinero, también le dio su propina.

Agradeciendo ella con un ¡gracias señor! Él se aliso su

Cabello y salió del lugar.

Después pregunto a un transeúnte, donde estaban los

Que voleaban los zapatos, el cual le señalo con su mano

Hacia donde se encontraban, los lustradores de calzado.

Dejo estacionado su automóvil, en donde había ido a

Comer.

Prefirió caminar, ya que solo se encontraba a la vuelta.

Al doblar la esquina, se dio cuenta que todas aquellas

Personas, que había visto pasar. Se encontraban reunidas

En el parque principal.

capitulo dos:

El joven hombre despues de comer,decide ir a lustrarse los zapatos pero se detiene a escuchar la arenga de uno de los candidatos en aquel poblado.

En espera de que el personaje; se subiera en el estrado

Para oírlo hablar, en realidad estaban ansiosos de escuchar

Su discurso.

Por lo pronto un orador, previo les explicaba que no era

Fácil estar ahí.

Que el centro del país, se encontraba muy lejos, pero para

Ellos era primordial, que todos escucharan, las propuestas

Que se traían, para exponerlas ante la gran multitud.

Que no se habían escatimado esfuerzos, para poder

Estar en cada rincón territorio, de la gran nación para

Llevarles, a todos los habitantes de cada localidad, las

Noticias de un nuevo gobierno, que si ellos se los

Permitían ganarían y añadió, pero sin más preámbulo

Ahora con ustedes, nuestro postulante, al que todo el

País, sin lugar a dudas necesita ya que es el único que sabe

Lo difícil, que son estos tiempos para cada ciudadano de

Nuestro país.

¡Gracias! respondió el personaje, muchas gracias a todos

¡Ustedes! que ya nos estaban esperando desde hace

Tiempo. Hoy estamos aquí para escucharlos; para tomar

Nota, de todas sus necesidades de ciudadano, nunca como

Hoy. Estamos recorriendo cada estado, cada ciudad cada

Poblado. Para oírlos, para hacerles saber que estamos con

Ustedes, que no los vamos a dejar solos, en su lucha de

Cada día.

Estamos recorriendo cada rincón de la nación, no importa

Si llueve si hace frio si hace calor, vamos por todos lados

Porque si no lo hacemos así, nunca se sabrá de los muchos

Problemas que existen.

Esta patria nos a dado mucho; es necesario que también

Le demos lo mejor de nosotros, para hacerla crecer para

Hacerla más importante, más grande no solo a nivel regional

Sino global.

Pero para que esto sea posible, primero es necesario que

Nosotros crezcamos, a nivel interno después lo haremos

A nivel externo.

El país lo tiene todo, tiene agricultura, ganadería pescadería

Abundantes minerales y combustibles sustentables.

Podemos competir con las grandes potencias, con los

Demás países cercanos y lejanos, pero solo, si somos muy

Capaces, de cambiar nuestra forma de administrar, todos

Los Recursos, que la naturaleza gentilmente nos brinda.

Basta de derrochar, los recursos del país, basta de tirar

Todo el dinero que nos dejan las exportaciones de los

Hidrocarburos.

Hago un alto; para tomar un poco de agua, una guapa joven

Le acerco un vaso con agua, el dio las gracias sonriéndole.

Y dijo, aquí las personas, son muy trabajadoras muy gentiles

Y el día es hermoso, un sol radiante un cielo despejado

Azul cristal.

La naturaleza es prodigiosa en nuestro país; tenemos de

Todo. En ese instante la gente lo interrumpió, con un muy

Emotivo aplauso, que demoro casi un minuto y los vivas,

No cesaron.

Los reporteros, ininterrumpidamente tomaban nota y las

Múltiples fotografías, tanto del personaje como de sus mas

Cercanos asistentes y también de la entusiasta multitud

Que atentamente escuchaban, la alocución del carismático

Personaje.

No cabe duda; que si ganamos y creemos que ganaremos

Gracias a la gran cantidad de votos, que ustedes de manera

Inteligente y reflexiva, harán a favor de nuestras múltiples

Propuestas de campaña que hemos llevado a todo el

País.

Ustedes saben, que no los vamos a defraudar porque

Juntos, Haremos un gran cambio para nuestro propio bien

Para que seamos, un encomiable ejemplo a nivel nacional

E internacional.

Ya no mas inseguridad, ya no más pésimos servicios ya no

Mas Accidentadas carreteras. Tenemos que acrecentar las reservas de dinero, que tenemos casi en el fondo, por el

Gran dispendio de las pasadas administraciones. Para que

Cuando ocupemos algún dinero de emergencia, ya no lo

Tengamos que pedir prestado, a la comunidad global

Sino que lo tomaremos, de nuestras reservas solo para

Solventar lo emergente, el imprevisto no para gastar en

Lo no básico.

No habrá comunidad en este país, que tenga necesidad

Económica. ¡Ya no más! porque luego cuando se necesita

Arreglar un camino construir un puente, hacer o darle

Mantenimiento, a un poso de aguas limpias, no hay dinero

Es una verdadera vergüenza; que cuando un ciudadano

De este país se enferma, o tiene dinero para curarse o

Sigue enfermo.

Porque las instituciones de salubridad, no los admite porque

No es trabajador de alguna empresa privada, o estatal que

Cubra sus necesidades de salud.

Es una verdadera vergüenza, antes que nada, es una persona.

Se le debe de atender.

Ya no habrá escusa. Así que, en la fecha asignada, estaremos

Nominando en las urnas al cambio, no solo de personajes

Sino del cambio, que es nuestra mejor y atinada opción.

Le agradezco a los trabajadores, a las amas de casa a los

Estudiantes. A los pensionados a mujeres y hombres de

Todas las edades; que nos brinden su confianza ese día les

Aseguramos, que no los vamos a defraudar como en otras

Ocasiones, lo han hecho los personajes de otros partidos

Políticos. Si son personajes de partidos políticos, pero sin

Ningún conocimiento, de las perentorias necesidades del

País.

A todos los comerciantes, de la ciudad del estado de la nación

A todos los hombres del campo, a todos los industriales a todos

Los grupos ganaderos a todos los agremiados a los diferentes

sindicatos, obreros y profesionales. Solo me resta decirles

Muchas gracias.

Sabemos que, con ustedes, contaremos en la fecha por venir y

ustedes contaran, con nuestro apoyo cuando y antes que lo

Necesiten.

Recuerden, que, en nuestro movimiento, no habrá cabida

Para funcionarios apáticos, insensibles displicentes, los

Que sufren de indiferentes, para con las insuficiencias del

Pueblo, o cambian o el pueblo no les va a dar su confianza

En otras votaciones.

Les agradezco, por haber estado presentes en esta plaza

Escuchando atentamente nuestra propuesta por haber

Dejado sus múltiples ocupaciones, parta estar hoy aquí

Con nosotros. Gracias.

Se paso el blanco pañuelo, por la frente para limpiarse

El sudor.

El impresionante aplauso, de nueva cuenta no se hizo esperar.

Esta vez se prolongo un poco mas de un minuto y los

¡Viva, bravo! Se repetía una y otra vez. Algunos habían

Llevado cornetas, matracas silbatos que se escuchaban varias

Cuadras del lugar. El esbelto joven que estaba mirando

Porque después, de lustrarse los zapatos se había quedado

Al impresionante mitin político en la petrolera ciudad.

Fue tomado por la emoción y grito dos veces; viva el

Señor presidente de México; viva el presidente de México.

Mirándolo con extrañeza; algunos de los que mas cerca

De él se encontraban.

¡Recapacitando dijo, ups perdón! Este es otro país, por un

Momento creí que estaba en mi México. Lo siento, yo solo

Trabajo aquí y se marchó del lugar.

capitulo tres

despues de trabajar toda la semana,el hombre

joven decide ir de excursion a una sona de

alpinismo cercana a la ciudad de donde esta.

sube todas sus cosas que ocupara,en su pequeña aventura; cierra la cajuela de su flamante coche y se marcha a comprar algo de comer y a tomarse un delicioso cafe.

su vestimenta era mezclilla azul y camisa manga larga negra,botines negros con tacones cubanos y una gorra del real madrid, despues de comer se disponia a salir del comedor.

pero de pronto la avenida principal, asi como las alternas,se empezaron a llenar de vehiculos y una gran multitud de gente. la cual practicamente tapo todas las cercanas calle,nadie podia entrar ni salir de esa area.

la policia viales,los bomberos tambien estaban atentos con sus unidades; para cualquier, e inesperado incidente.

la joven mujer vestida de naranja y amarillo que atendia su mesa,le dijo ¡no creo que pueda salir con su coche señor! por lo que miro ya ha quedado varado.

todo esto se termina hasta pasado de medio dia,

capitulo cuatro:

el hombre joven,decide seguir a una muy

atractiva reportera,que pasando cerca de

el le sonrie y lo invita al mitin politico.

El sonrio,respondiendole;con un ¡gracias! ya salia,de la puerta todo era un gran murmullo de gente que caminaba, ruido de motores bocinas todo quedo obstruido,los reporteros ya se apresuraban con camara y microfonos en la mano.

colgando de sus cuellos los gafetes de su identificacion, los cuales los acreditaban para estar y realizar los cuestionamientos a los politicos ahi presentes.

una atractiva y joven mujer de piel canela y los ojos claros,con de estatura mediana,esbelta

y atractiva sonrisa con su largo cabello negro
peinado en forma de cola.
vestida de traje color celeste,blusa blanca manga
larga y zapatos cerrados de tacon muy bajos;

pasando frente de el y mirandolo le sonrio,
mientras se dirigia al estadio principal en
donde se llevaria a cabo; la principal y mas
emotiva conferencia del candidato del

partido democrata.

el contesto el saludo,con levantando su mano izquierda y suavemente la agito en el aire saludandola.

acto seguido ella,le dijo ven con nosotros para que nos acompañes y des tu opinio,acerca de este personaje.

aceptando la invitacion,decidio unirse al mitin.

acomodandose la gorra del real madrid,respiro hondo.

se apresuraron a caminar,cruzando el boulevar

miro que rodeada de mucha gente camninaba una mujer de mediana estatura caucasica de cabello corto,lacio muy apenas le llegaba por encima de los hombros color castaño.

caminaba la reportera le dijo es esa la gran candidata del partido democrata, el que estuvo la otra ves en esta ciudad,era del partido republicano,se dice que es la que tiene mas seguidores,segun las ultimas y mas acertadas encuestas.

pero nunca se sabe; esto de la politica nunca sabras quien al final sera el ganador,aunque se crea que el que aventaja al principio es el virtual ganador.

mira le dijo la reportera, ya llegamos al grupo de pequeños estadios,deportivos los de balonpie y los de beisboll.por lo pronto en este estan jugando los futbolistas,de negro contra los de blanco. cruzaron por fuera y cerca de otro en donde jugaban,los cremas contra los rayados.

ahora dijo la muchacha,vamos a pasar por los

de beisboll. por lo pronto,en este estan los

niños de azul,contra los de verde, siguieron,
en donde jugaban,los de amarillo contra los
de negro.

parece que en esta ciudad les gusta mucho el
juego de futbol y el de beiboll,dijo el joven
contestando ella,asi es ahora estamos pasando
en donde juegan los de cafe,contra los blancos,
y adelante estan los juveniles,aqui juegan,los
de rojo contra los color naranja.

mira mas adelante estan jugando las niñas
beisbolistas,las turquesa,contra las plateadas.

por cierto mira casa llena,van dos estray y
dos auts.el lanzador lanza la pelota,el bateador
abanica y se acabo, acaso,no es emocionante?
ella pregunto. por supuesto que lo es respondio
el joven.

vaya si que esta lejos,el maximo estado de la
ciudad,añadio. si asi es le respondio ella, pero
mira ahi esta la puerta principal,ya entra la
señora candidata.

capitulo cinco:

el hombre joven y su amiga reportera se

quedan en un lugar escuchando a la gran

candidata del partido democrata; de quien

se dice que posiblemente sea la ganadora

en las urnas el dia de la votacion,para poder

gobernar a la nacion.

ahora escucharemos,de que se trata su gran

discurso. lo cual algunos esperan con mucho

interes; de este depende si sus votos le daran

o no la victoria,sobre sus adversario,politicos.

toda via no subia,al templete y ya se escuchaba

una gran ovacion la cual ella agradecia con sus dos manos,en señal de victoria y dandoles animo.

la reportera mirando al muchacho le volvio a sonreir y dijo gracias por haberme aceptado la invitacion a este evento,espero que no te fastidie. el respondiendo dijo,claro que no es para mi un gran placer acompañarte en este evento,tambien aprenderemos de las muchas promesas y frases que diga la señora ahi presente.

los animos estaban,en un punto elevado de alegria. el hombre que hizo la introduccion les dijo,bueno, ahora aqui esta! la hora ha llegado, el momento que todos estamos esperando para que todos oigamos a la mejor alternativa de nuestra nacion; porque yo digo que no hay mas opcion que nuestra candidata, asi por lo tanto con ustedes; ¡la mejor propuesta para todos!.

vestida totalmente de blanco, ella se allego a donde,estaba el presentador y dijo ¡gracias! ¡muchas gracias! por haber venido,por haber tomado un poco de su imbaluable tiempo; para estar aqui hoy con nosotros; en este gran evento, politico,en donde definiremos porque somos la mejor alternativa,la mejor opcion.

¡para gobernar esta gran nacion,este gran pais!

porque nosotros si traemos propuestas; los

demas,solo traen lo mismo de siempre por

ello,se quedaran en el trayecto,no podran

llegar al final, porque no les alcanza,porque

no tienen,nada bueno que puedan mostrar

mucho menos dar al pais a este pueblo,pero nosotros; somos los mejores,porque para nosotros lo primero,es darle lo mejor a este gran pueblo,a esta gran ciudad, a este gran estado a esta gran nacion.nada podra ya detenernos,ya nada nos podra parar,porque nuestro objetivo,es que nuestra nacion sea la mejor no solo a nivel,regional,mas bien a nivel internacional.

con un crecimiento,sostenible yo no digo que cada año; mas bien cada dia, cada semana,cada mes.

de tal manera, que pueda tener un abasto local regional,nacional. manteniendo sus finanzas sanas; su economia en libertad de crecimiento que la salud de sus habitantes no se detenga que la mejora en las escuelas,con sus adelantos no se detenga. que las calles todas,esten en buenas condiciones,de desplazamiento de todos los habitantes, a cualquier hora de la noche o de dia,porque haya seguridad,para que los niños no tengan miedo de jugar en las calles de sus colonias por las noches; que los jovenes cada ves que salgan con sus amigos,seimpre esten seguros,que la autoridad este libre de toda y total corrupcion.que este pais avance en la ciencia la tegnologia,educacion,social economico moral,higiene hambiental, salu y felicidad

para todos los habitantes de cada rincon del
pais.

que nadie diga, ¡tenemos miedo! no podemos
acceder a la salud;no podemos tener buen
sistema de educacion en las escuelas.porque
a todos les digo,¡la escuela debe ser gratuita!
acceder a los servicios de la comunidad deben

ser los mejores y baratos, la canasta basica
es y debe ser,para todos los bolsillos,para
que nadie padesca hambruna,habiendo tanta
comida,pero mal repartida,pero para eso
nosotros estamos aqui,para que todo eso ya
no exista,para que las malas practicas ya se
vayan del pais.
porque en una nacion modernista esas muy
feas practicas no tienen cabida,en nuestra
amable, creciente moderna e inteligente
sociedad.ya no tiene cupo esa arcaica forma
de administrar los bienes de la republica.

porque los que llegan a ser lideres,no son
los dueños; ya sean reyes reinas,principes,
cancilleres,primeros ministros jefes de los
estados,o presidentes.
no son los dueños de las naciones,
no son los dueños de los paises,nos on los
dueños de los pueblos;no son dueños de las
gentes; tan solo son administradores de la
cosa publica y luego entonces solo son los
empleados de los pueblos y no los amos de
ellos.
¡por lo tanto deben conducirse con humildad!
con decoro,sabiendo que si no administran
bien los bienes del pueblo,el pueblo los
puede cambiar.

basta de abusar de los cargos que la gente de

nuestras sociedades,les encomienda, ¡para

el bienestar de todos y no de unos cuantos!

ya saben si queremos un verdadero cambio

esperamos su aprobacion ese dia que ya

quedo en el cual ustedes, no porque seamos

adivinos,pero sabemos que ustedes nos daran

la victoria con sus votos. los cuales son votos
de confianza; para que trabajemos con toda
honestidad y les aseguro que todos ustedes
no se arrepentiran de haber puesto su gran
y entra confianza en que ¡no los vamos a
desfraudar!

¡viva este pueblo!dijo ella;todos gritaban ¡viva!
¡viva esta gran nacion,¡viva! viva este gran
pais! ¡viva! el aplauso y los vivas resonaron
en todo el estadio.

vaya dijo la reportera al joven hombre,¿que te
parecio?

muy buen discurso; llegue a pensar que yo
estaba en mi pais; por la gran algarabia,le
respondio el.

pero bueno la ultima palabra,la tienen como
en todo pais democrata,la tienen los muchos
votantes.

capitulo seis

ya terminada la gran emotiva abundante

fiesta reunion politica,todos se fueron

alejando de ahi.

le dijo el a la la reportera,bueno que tal si

me dejas que te invite una fria bebida para terminar el emotivo dia ademas por la gran alegria de habernos conocido;

claro,respondio ella,solo deja llevar mis instrumentos al coche,para podernos ir a la cafeteria que mas te agrade y tomaremos y brindaremos por la emocion de habernos encontrado y haber asistido a estemitin de la fiesta politica.

asi intercambiaremos opiniones y puntos de vista acerca de los acontecimientos de la ciudad.

pero tambien quiero invitarte a la proxima fiesta o mitin politico por el ultimo de los politicos que se estan presentando en esta ciudad.

para ellos es indispinsable acudir a todas las pequeñas y grandes ciudades de este estado asi como de los demas.

a ver si logran colocar su gran catalogo de propuestas que traen en su lujoso portafolio politico.

asi que nos falta, el candidato el cual es independiente. bueno eso dice el ya que sabemos que esta respaldado por una nueva corriente politica.

entonces dejamos los automoviles en este lugar y nos vamos a festejar el habernos conocido y haber coincidido en algunos puntos de la politica a gran escala,le añadio el.

asi tambien se alejaron de ahi,sabiendo

que todo esto habia sido algo muy muy
fortuito.

capitulo siete:
llego por fin el anelado dia para todos los
militantes del candidato independiente
de otra corriente,de ultra derecha;

toda la mañana estuvo lloviendo,pero eso no impidio,que los simpatisantes del postulante,para las elecciones que ya se aproximaban.

se dieran cita,en la populosa amplia y bella plaza.

ya todo los alrededores,al lugar de la asamblea politica,estaba llena de mucha propaganda,con los colores,del partido politico,al cual el aspirante pretendia quedarse con los votos.

todo se lleno de veiculos,de toda clase y personas,ruido de silbatos,globos de colores rojos.

sonidos de motores,que se ya se estaban estacionando.

y bullicio de gente,que ya se estab ahi reuniendo.

llego el joven hombre,vestido de negro

los pantalones de mezclilla y camiseta

azul con el logo del caballito y un

ginete jugando,pelota con un palo.

con botines negros,tacones cubanos.

se alineo su cabello,corto lacio hacia la

izquierda.

ella luciendo como siempre en estos grandes

eventos politicos,el traje de la empresa de

television para la cual trabajaba y muy

alegre,llego hasta el lugar,el hombre joven
le sonrio,ya eran amigos que se habian
dado cuenta que tenian mucho en comun.
ella dij, ¡hola! ¿que tal la lluvia? bueno dijo
el,parece que esta menguando,pero por si
acaso traigo este paraguas,el cual tendre que
cerrar.porque justo en este momento que
tu llegaste se termino.

gracias,respondio ella,sabia que no me podrias

dejar sola en este lugar,aunque ya sabes que

tengo que trabajar,en estos eventos que

son muy importantes,para la ciudadania

para asi,poder hacer su mejor eleccion de

voto.

¿iremos,a comer al restaurante,que esta al

otro lado de la ciudad a comer,como ya

habiamos quedado,cuando salgamos de

aqui? pregunto ella, ¡claro por supuesto que

si,ademas despues de estar en estos muy

agitados eventos,me da mucha hambre!

sonriendo le respondio el.

ella preparo sus instrumentos,para poder

tener toda la informacion de primera mano.

de ves en cuando,se miraban y sonreian.

como es posible,el penso para sus adentros

que yo este en este pais,desconocido, con

una chica que acabo de conocer; haciendo algo que nunca pense,seguir los discursos en directos de candidatos politicos los cuales,buscan lo mismo quedarse con los votos del pueblo,que lastima,que ya despues de conseguirlos,se olvidan de sus muchas promesas.

capitulo ocho:
llega el representante politico independiente o como muchos decian que era de la mas ultraderechista institucion politica del pais.

ya la lluvia se habia ido,la brisa fresca se sintio,el cielo se limpio quedando total de color azul cristal y el sol volvio a ser brillante en la ciudad.

el aspirante politico llego todo se volvio un gran,revuelo de personas que querian estar cerca del candidato, que ya estaban listos para escuchar sus propuestas.

algunos decian que este era el indicado que era por demas,el personaje que todo ese pueblo necesitaba.

un nutrido aplauso,y los vivas,de las gentes se volvio a escuchar, en toda la plaza.

el tomo el microfono y la tribuna teniendo

ya control del lugar,dijo ¡gracias! ¡gracias!

tal parece,que hasta el cielo esta contento

con nosotros,porque miren parecia que la

lluvia no nos iba a dejar estar en este lugar

al intemperie; pero casi cuando llegamos,

la lluvia se quito,el cielo se despejo el sol

volvio a brillar y la brisa esta soplando fresca

muy a modo para estar aqui reunidos,como

lo que somos una gran comunidad;

desde ahora les quiero decir,¡vamos aganar!

¡vamos a ganar!.ya no nos pueden detener,

ya no nos pueden parar; ya mejor que todos

esos aspirantes,que se den por vencidos,

que ya renuncien a sus aspiraciones,a sus

iluciones,porque nosotros ya ganamos.

estamos aqui,para decir,con nosotros esta

la riqueza,de la nacion con nosotros esta la

prosperidad del pais, con nosotros estan todas

las oportunidades,de avanzar,a la grandeza

de la nacion.

los esperamos,el dia de la votacion,para que

no vea cual es la mejor opcion,pero si

para que vote por nosotros.

porque con nosotros esta,no la mejor mas

bien la unica opcion,la unica oportunidad,

para que el pais deje de estar estancado,

en la pobreza,en la ignorancia,en la no

salud.

ya es tiempo de que todo cambie para el

bien de nuestra sociedad.

para que sea la mejor sociedad del mundo.

en economia,en la salud,en la educacion.

en la anticorrupcion.

en la ciencia,en la tegnologia,para que seamos

un pais con un alto indice de bienestar en todos

los sentidos.

por lo tanto ese dia de las votaciones ya

no tendra que buscar por quien votar,pues

votara por nosotros.

y ya veran que nosotros si les vamos a dar

el resultado que ustedes quieren ver en la

nacion.

para que el pueblo ¡viva mejor! ¡viva mejor!

es por eso que no lo piense mas porque es

mas sencillo decir votaremos por el mejor

candidato.el cual sabemos que no nos va

a desfraudar.

sabemos que no nos va dejar de cumplir las

promesas que no hizo estando en campaña.

asi que ya lo saben amisog votantes,¡sean

felices! voten por nosotros.

asi que aqui nos vemos,despues de las muy

reñidas elecciones,porque sabemos que los

adversarios politicos,nos querran,hacer

trampas,robarnos los votos,contradecirnos

pero desde ahora les dego,ya dense por

vencidos por el mejor candidato,que jamas

haya tenido este pais.

no creo que puedan superarnos con sus muy

obsoletas propuestas; las cuales ya estan

descontinuadas.

no como las frescas y modernas que nosotros

estamos proponiendo en este dia,para que

nunca tengamos que envidiar nada a los demas

pueblos,a los demas paises, a las demas

naciones.

entonces tenemos que hacer un gran cambio

no solo de plan economico,social educativo

para nuestros niños,para nuestros jovenes,para

nuestros adultos mayores, y para todos los
habitantes.
no solo de esta comunidad,de este estado
mas bien de todo el pais.

que por mas de seis meses hemos recorrido
y no nos gastamos los fondos,del pueblo
hemos conseguido patrocinadores,porque
saben que traemos la mejor,oferta de
politica,para el mejoramiento del pais.

nunca aceptaremos,los sobornos ni los patrocinios condicionados,para que les demos cuando estemos en la presidencia,los mejores contratos a los constructures o los prestadores de servicio o los provedores de mercancia.

son patrocinadores de nuestra campaña,pero lo hacen de una forma desinteresada,porque ellos como nosotros,quieren que haya un gran cambio en toda la nacion,para que nos vaya mejor a todos,eso si si ganamos lo primero que vamos a realizar,son las desapariciones,de los tributos vehicular

los de las casas o terrenos,cuando estos

sean de solo uno,es decir que todas

y todos los ciudadanos solo posean solo

una propiedad tanto de automoviles

asi como de casas y terrenos.

se cobrara solo a los que tengan mas de un

bien.

tambien bajaremos,el precio de todos los

combustibles; empezando por el del gas.

asi tambien bajaremos el precio de los

multiples servicios; como el de la luz

el de los pasajes en todo tipo de unidad

como los trenes,autobuses coches de

renta,en las lineas aereas y maritima.

mandaremos que los tres ordenes de

gobierno; trabajen juntos para mejorar

las carreteras; tanto las federales,como

las estatales y locales; para que ya no

haya huecos ni deterioro en todas ellas.

el sevicio del agua tambien bajara sus

tarifas;asi como los impuestos de todos

para que no tengan muchos gastos los

ciudadanos; tambien ahorraremos lo

que quede de la venta del petroleo y

asi no tengamos,que pedir prestado en

ningun momento; que la nacion tenga

sus propios recursos,para que cuando

lo necesite, tome de ahi de sus ahorros.

y despues lo reponga con las demas

ganancias de las exportaciones de los combustible.

porque lograremos superar,el atraso de que nos han hecho los demas y pasados gobiernos.

ya que el pais es rico,en recursos naturales y tenemos, para autoconsumo asi como para exportar.

a este pais lo llevaremos hacia la grandeza hacia la prosperidad,hacia la riqueza tanto de su sociedad como tegnologica de mas como la ciencia; educacional porque ya tendremos las mejores escuelas con los mas y ultimos modernos adelantos.

para que los estudiantes esten acorde con los demas del planeta para que los demas paises mas adelantados y mas y mas ricos; no nos vean por encima del hombro.

mas bien nos miraremos de tu a tu con orgullo mostraremos al mundo todo lo que poseemos,todo lo que lograremos.

pero ahora llego el momento de que de verdad haya un cambio no solo de un gobierno mas.

pero si de un cambio radical en todos los sentidos,ustedes nos daran el triunfo, ustedes haran que ganemos en los comicios de este año, en las votaciones estara decidir si habra un cambio o si, se quedara todo tal como esta.

hundido en la pobreza; en la anarquia en

la opulencia solo de algunos,en el lujo

solo de muy pocos,porque ellos creen que

la poblacion es ignorante,que nos pueden

tratar como si fueremos;ciegos mudos

sordos,sintener ningun sentido de dignidad

para poder decir,¡basta! ¡basta! de que

se nos trate con desprecio.

de que nos miren como solo de quienes

se pueden servir y no de aquien servir.

porque ellos solo son nuestros empleados.

pero nos tratan al reves; ah,ademas no

podemos si quiera preguntar,hablar o

reprochar. por su conducta equivocada.

pero para que eso termine,en este evento no

solo vino a escuchar, un discurso mas una

horatoria mas;

porque usted vino porque ya no quiere mas

que se le siga engañando.

ya no quiere mas que se le siga,tratando de

forma arbitraria, ya no quiere mas que se

le siga dando largas.

quiere ver resultados,quiere ver que sea hoy

ahora; ese cambio de ideas muy atrasadas muy arcaicas,de los anteriores gobiernos de las pasadas administraciones,de los muchos partido y sus lideres que se colocaban solo a modo de unos cuantos, a modo de los

intereses de quienes tenian mas,dinero mas poder.

pero eso ya se acabo, ahora estaran votando por el cambio,no solo de ideas, no solo de gobierno.

estaran votando por la prosperidad, de la

nacion; de este gran pais,que es el que

tenemos y el que merecemos,para todos

nosotros y para nuestros desendiente, que

ellos van a heredar.

 para que no tengan que reprocharnos que

no tengan; porque estar desilucionados de

nosotros.

nos podremos parar con la frente muy en

alto donde querramos y cuando nosotros

querramos.

sin ningun miedo,al que diran,como si
fueremos culpables del desfase de las
administraciones de la nacion,a la cual
todos nosotros pertenecemos y estamos
orgullosos de ser de este pais.

bueno amigos concurrentes ¡corran la voz!
diganle a todos, que somos no una opcion
que somo la unica y la mejor opcion.

este dia de las votaciones, sabemos que
contamos,con ustedes para que nosotros
ocupemos,la silla presidencia y desde ahi
haremos el cambio, cambio para todos
ya no tendremos porque bajar la cabeza
delante de las demas naciones, ellos nos
miraran con respeto, como debe ser.

entonces hasta luego amigos, hasta ese
dia.

todos ovacionaron con fervor,al personaje
que les conferenciaba,ese fresco dia de
primavera.

capitulo nueve:
los muchachos despues del discurso se
tomaron de la mano; alejandose de ahi.

porfin el gran discurso,del candidato el cual
decia que era independiente.pero que en
realidad era del partido ultraderechista,
hubo terminado.
terminado el gran discurso,todos
empezaron a irse de ahi,algunos muy
convencidos,otros no tanto pero
habia sido un buen discurso.

que te parecio,pregunto la muchacha a el
joven hombre; me parecio bueno a no ser
por algunas similitudes con los demas
que estuvieron antes en los mitines,le
respondio el.
pero una cosa te digo, al personaje al
cual hoy le aplauden,al que hoy le dicen
vivas y desean todos los parabienes;

pensando que este si es la opcion o la
mejor oportunidad,para un gran cambio
en la nacion.
mañana ya un tanto desepcionados,querran

que se vaya,que termine su mandato

y se habra acabado la ilusion que tienen en

el.

respondiendo ella, bueno eso ya se vera

despues ya sera luego,hoy por hoy estan

un tanto confundidos.

aproposito le dijo ella,¡me llamo Anabell,

Pimentel,Ordaz reportera de multivision!

mucho gusto respondio el, ¡yo soy

Eduardo,Alfonso Roman,ingeniero en el

area de ciencias del petroleo.

despues el añade,¿que le parece señorita

si nos vamos a comer?

me parece perfecto,respondio ella,ya que

si,ya tengo mucha ambre.

Le responde el joven a la chica entonces

¡Viva el señor presidente de Mexico!

¿que fue eso? le dijo ella, bueno para no

sentirme lejos de mi pais, ¡upss!

riendose en forma libre y

tomandose las manos se alejaron de ahi.

para ellos todo ababa de comensar,porque

esto de los mitinis sirvio para que ellos se

conocieran.

ya lo demas vendria luego; bueno nunca

se sabe quien en realidad sera elegido por

el pueblo;para que dirija las riendas de la

nacion.

Biografía

Del autor del libro: viva el señor presidente de México.

Isaías Sánchez Cruz.

Su seudónimo es Hugo del Real Alemán.

Nacido en Achotal Veracruz México. Municipio de san juan Evangelista.

El 03de marzo1967.tercer hijo de Emiliano Sánchez Aleman y de Teofila Cruz Santos.

hermano de Ester,Elizabeth,Sara,Azaneth y Martha.

de Abraham y David.

Email chai_sanz@hotmail.com

Curp: SACI670303HVZNRS01

Además, es autor de los libros: odas para una quinceañera:

La chica del espejo: la grandeza de los niños: esposa bella:

CONTRAPORTADA

Todo país: tiene la necesidad de grandes dirigentes

Políticos, estadistas militares economistas conocedores

De los problemas sociales. No importa si estos lideres

Son mujeres o varones, si tiene la suficiente capacidad

Para guiar a una nación, no importa su género.

Desafortunadamente algunos llegan por sucesión

Por la fuerza, por desconocimiento por amistad

Con los que ya están en el poder.

Entonces los que sufren, son los ciudadanos quienes

Merecen de un verdadero personaje comprometido

Con los principios de servir al pueblo.